Arnaud Chicurel remercie les personnes suivantes :

Anita Garcia, Lionel Lourdel et Bela Chicurel pour leur soutien permanent.
Franck Lacombe pour sa participation à la rédaction des textes.
Émeric Fisset des éditions Transboréal pour ses conseils amicaux et avisés.
André Finot (cathédrale Notre-Dame), Mathilde Beaujard (Petit Palais),
Jeannine Escaich (Hôtel de Ville), Bruno Messey (Automobile Club de France),
Soeur Marie Elie (basilique du Sacré-Coeur), Frédéric de Bourguet,
Pascal Payen-Appenzeller.

Pascal Ducept remercie les personnes suivantes :

Ses parents pour leur soutien constant,
ainsi que Fannie Selamat pour ses encouragements et son intérêt renouvelé
envers son travail photographique.

PARIS
MONUMENTS
SPLENDEURS DE LA VILLE LUMIÈRE

ARNAUD CHICUREL
PASCAL DUCEPT

PARIGRAMME

S'il est entendu qu'on ne saurait réduire une ville à ses monuments, peut-être conviendra-t-on qu'ils l'augmentent. À ce compte, Paris est bien servi, égrenant le long de la Seine et ailleurs, palais, grands musées, places prestigieuses, arcs, églises… comme autant de jalons. On ne s'étonnera pas que le grand monument se remarque : il est fait pour ça ! Sa taille, son décor, sa forme le distinguent du bâti ordinaire, en font un objet à part qu'on vient visiter tout particulièrement. Et, au contraire des constructions banales qui ne nous disent rien, les monuments sont généralement éloquents, célébrant la gloire de Dieu ou d'un souverain, la vitalité d'une nation ou sa foi dans l'avenir… L'histoire dément parfois ces manifestes mais enrichit les pierres de sens, de souvenirs et d'images en en faisant son théâtre : les Parisiens ont vu tomber la colonne Vendôme lors de la Commune, ils ont mesuré la vanité des destinées humaines en assistant au retour des cendres de Napoléon sous l'arc de triomphe, ils ont assisté, en état de choc, à l'incendie ravageant les hauteurs de Notre-Dame…

Mais il est aussi une approche plus quotidienne, plus pratique du grand monument, repère connu de tous et, finalement, base de notre langue urbaine commune. Nous nous en rendons compte en prenant soin de préciser « j'habite à la Madeleine » ; nul ne pensera, évidemment, que vous logez dans une sacristie ! Naturellement, nous retrouvons l'habitude médiévale de nous orienter à partir d'un édifice remarquable quand les rues portaient des noms peu fixés et n'étaient pas numérotées. Rien ne change.

Au-delà de leur histoire singulière, des raisons pour lesquelles ils ont vu le jour, les monuments parisiens consacrés par le temps sont devenus le bien de tous et s'offrent à qui veut bien aller à leur rencontre.

C'est ce qu'ont fait les photographes Arnaud Chicurel et Pascal Ducept. Depuis plusieurs années, ils ont recherché obstinément les points de vue originaux, ont scruté le ciel, se sont juchés sur des perchoirs de fortune et ont su tirer profit des techniques numériques afin que leurs images confèrent un supplément d'âme au patrimoine architectural de Paris. Ils ont ainsi, au-delà de la volonté de renouveler le genre de la photographie des monuments de la capitale, entretenu une relation intime avec eux et croisé la pensée créatrice de leurs bâtisseurs.

Pont-Neuf

Entre le quai de la Mégisserie (1er)
et le quai des Grands-Augustins (6e)

Ébauché par Henri III afin de fluidifier la circulation à travers l'île de la Cité, le Pont-Neuf fut inauguré en 1607 par Henri IV, qui lui trouva son nom.
Le souverain inscrivait cet aménagement dans une vaste opération d'urbanisme comprenant également la création de la place Dauphine et le percement de la rue du même nom.
Le Pont-Neuf connut immédiatement un très grand succès. Premier pont de pierre dépourvu de maisons, il découvrait une vue inédite sur la Seine. D'une largeur de 28 mètres, alors exceptionnelle, le Pont-Neuf était équipé de trottoirs et d'hémicycles en renfoncement protégeant les piétons du passage des voitures et des cavaliers. Les Parisiens vinrent nombreux s'y promener, s'attarder devant les spectacles de rue ou les étals des marchands ambulants.
Le pont le plus ancien – conservé – de la capitale honore la mémoire d'Henri IV dont il accueille la statue équestre.

Conciergerie

1, quai de l'Horloge (1er)

La silhouette médiévale de la Conciergerie en bord de Seine s'inscrit dans un cadre privilégié qui ne manque ni d'allure ni de pittoresque. Ici se trouvait le palais des rois de France jusqu'à la fin du XIVe siècle, quand les souverains lui préférèrent les résidences de l'hôtel Saint-Pol ou du Louvre. Seuls le parlement et les services judiciaires de la capitale demeurèrent au palais de la Cité. La Conciergerie en fut la prison. Aménagée en 1298 par Philippe le Bel, elle garda sa qualité de plus vaste prison de Paris jusqu'à la fin du XIXe siècle. Son nom lui vient du seigneur intendant royal, appelé concierge, qui percevait des redevances des boutiques établies au pied du palais et en réclama également pour la location des cachots et de leur sommaire mobilier ! Parmi beaucoup d'autres, c'est ici que fut détenue la reine Marie-Antoinette en 1793, avant son jugement par le Tribunal révolutionnaire et sa condamnation à mort. En 1914, la Conciergerie devint un musée d'histoire dont on visite la salle des gardes et la salle voûtée d'ogives des gens d'armes – datant du début du XIVe siècle –, la galerie des prisonniers, la chapelle expiatoire de la reine et la reconstitution de sa cellule.

Île Saint-Louis

(4e arrondissement)

S'il est un village en plein centre de Paris, c'est bien celui de l'île Saint-Louis. Ici, le promeneur ne traversera aucune avenue et cherchera en vain une station de métro. On n'y trouve pas davantage de monument célèbre mais c'est l'île dans son ensemble qui constitue un monument.
Née au XVIIe siècle de la réunion des îlots inhabités Notre-Dame et aux Vaches, elle fut l'objet d'une opération de lotissement à destination principale de la noblesse, raison pour laquelle la concentration des hôtels aristocratiques y est remarquable.
Les plus beaux furent construits face au fleuve pour bénéficier d'une vue. Ils diffèrent du modèle traditionnel de l'hôtel parisien « entre cour et jardin » en raison de l'exiguïté des terrains. Moins ornés extérieurement que ne le furent, par exemple, les résidences du Marais, les hôtels de l'île Saint-Louis présentaient de somptueux décors intérieurs. Certains subsistent, comme la galerie de l'hôtel Lambert ou les salons de l'hôtel de Lauzun ; dans ce dernier hôtel, le poète Baudelaire fut l'éphémère locataire de quelques pièces.

Sainte-Chapelle

4, boulevard du Palais (1er)

La Sainte-Chapelle est le plus ancien vestige du palais de la Cité, la résidence des rois de France jusqu'au milieu du XIVe siècle. C'est dans l'enceinte même de ce palais que Saint-Louis fit construire une chapelle destinée à abriter les reliques de la passion du Christ récemment achetées à l'empereur de Constantinople. L'édifice, transposition architecturale d'un reliquaire d'orfèvrerie, fut consacré en 1248. Il connut différentes vicissitudes au cours son histoire. Le renouveau d'intérêt pour le style gothique au début du XIXe siècle permit d'entreprendre dans les années 1840 la restauration de la Sainte-Chapelle ainsi que la reconstruction de sa flèche qui avait été abattue durant la Révolution. Le monument, gracieux et longiligne, se compose de deux chapelles superposées, celle de l'étage étant réservée à la famille royale. Percée de quinze fenêtres de plus de 15 mètres de haut, la partie supérieure semble constituée tout autant de vitraux que de pierre, miracle d'équilibre et de légèreté. Les reliques, autrefois déposées sous le baldaquin en partie d'époque, sont aujourd'hui partiellement conservées dans le trésor de la cathédrale Notre-Dame de Paris.

La grande châsse située dans la chapelle haute contenait vingt-deux reliques de la passion du Christ, dont la Couronne d'Épines.

Notre-Dame de Paris

Parvis Notre-Dame (4e)

À l'extrémité de l'île de la Cité, Notre-Dame a été construite à partir de 1163 sur l'initiative de l'évêque Maurice de Sully et fut achevée pour l'essentiel 90 ans plus tard. C'est une des plus anciennes cathédrales gothiques et la dernière des grandes églises à tribunes. Si elle a conservé des éléments caractéristiques du gothique primitif, Notre-Dame a connu d'importantes transformations successives : le vœu de Louis XIII de consacrer son royaume à la Vierge si elle lui donnait un fils entraîna la disparition du jubé et du maître-autel ; au XVIIIe siècle, les vitraux anciens du chœur furent déposés et le trumeau du portail central détruit. La Révolution transforma la cathédrale en entrepôt et détruisit les figures des rois de Juda, sur la galerie de la façade, qu'elle avait confondus avec les rois de France. Rendu au culte par Napoléon en 1802, le monument était très dégradé. Le roman de Victor Hugo, *Notre-Dame de Paris* (1831), encouragea un mouvement d'opinion en faveur de sa restauration. Les architectes Lassus et surtout Viollet-le-Duc s'y attachèrent à partir de 1844. Ce dernier se montra habile et fin restaurateur, redonna à la cathédrale son décor sculpté… et ajouta même quelques pièces de son invention !

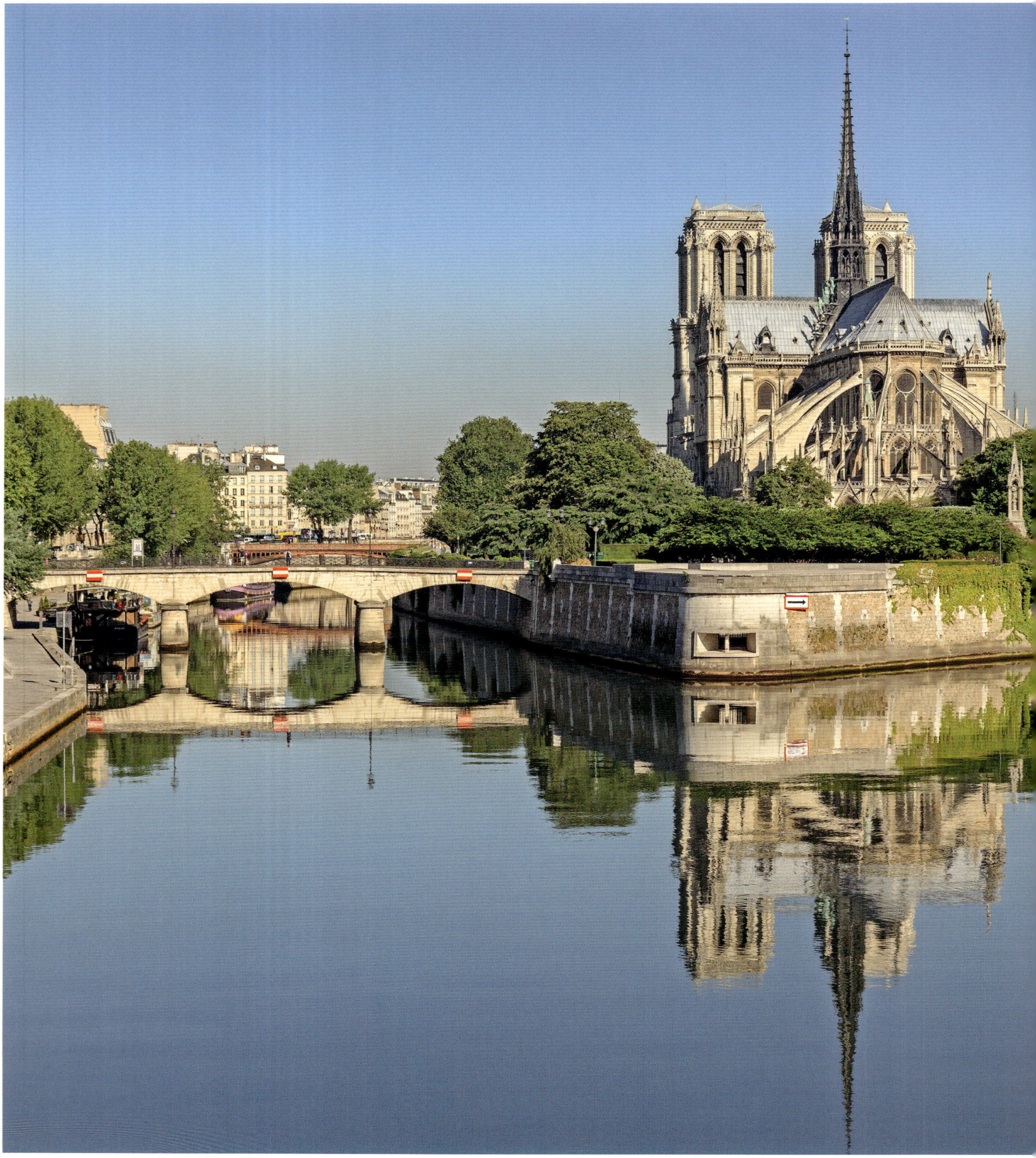

Le réaménagement radical de l'île de la Cité par Haussmann a fait disparaître les voies étroites et l'enchevêtrement des maisons qui entouraient Notre-Dame. Le dégagement du vaste parvis que nous connaissons a modifié l'appréhension de la cathédrale, autrefois visible de très loin mais ne se découvrant sur place qu'au dernier moment, au détour d'une ruelle.
Le 15 avril 2019, un terrible incendie a détruit la toiture de Notre-Dame, sa charpente et sa flèche.
Les photographies reproduites dans cet ouvrage montrent l'édifice dans son état antérieur au sinistre.

Le chœur et la nef de la cathédrale
Notre-Dame , avant l'incendie de 2019.

Une chimère, sculptée au XIXe siècle à la demande de l'architecte restaurateur Viollet-le-Duc, tournée vers la préfecture de police.

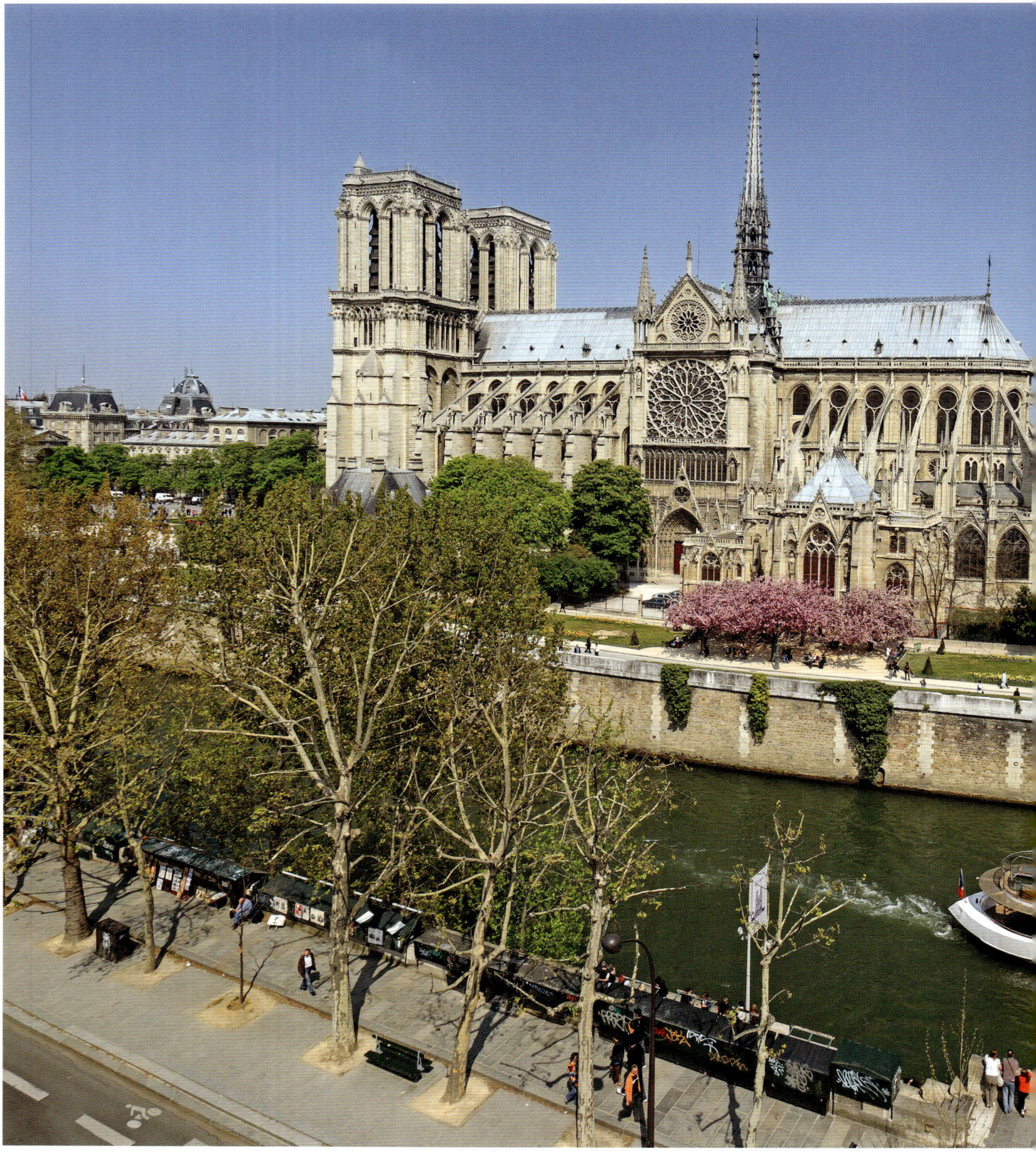

vedettes de paris.com

L'apôtre saint Thomas sous les traits de l'architecte Eugène Viollet-le-Duc qui restaura la cathédrale entre 1845 et 1864. Il est également présent dans la galerie des rois de la façade.

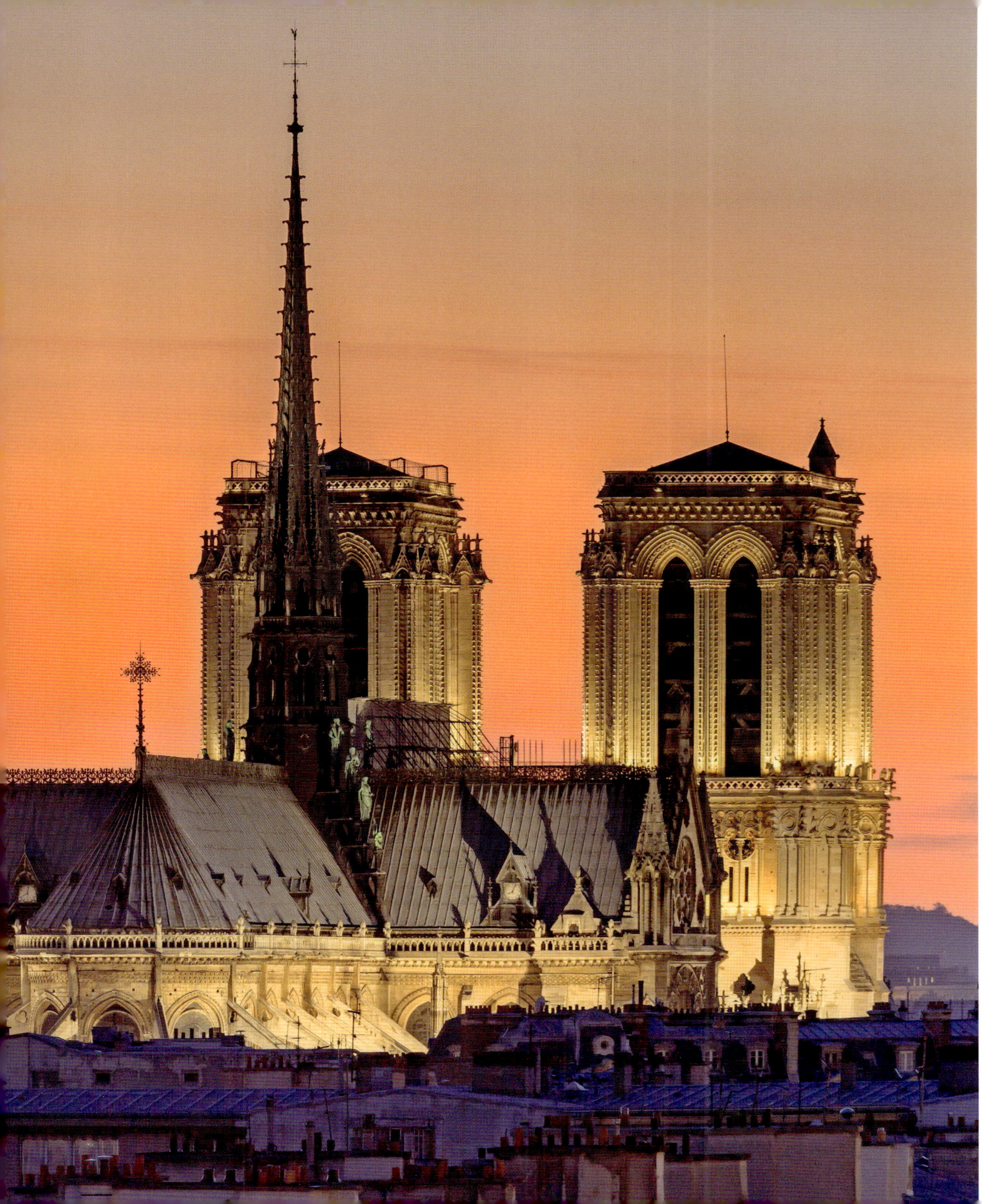

Arc de triomphe

Place Charles-de-Gaulle (8e)

« Vous ne rentrerez dans vos foyers, déclara Napoléon Ier à ses troupes au lendemain de la victoire d'Austerlitz en 1805, que sous des arcs de triomphe. » Celui-ci ne fut achevé qu'en 1836, soit vingt et un ans après la disparition du Premier Empire ! Ce monument à la gloire de la Grande Armée a été adopté par la République : un immense drapeau tricolore y est déployé lors des grandes fêtes nationales et des célébrations officielles y ont lieu. Sous l'arche, repose depuis 1921 le soldat inconnu, tombé pour la France lors de la Première Guerre mondiale. Au-dessus de la sépulture, la flamme du souvenir est ravivée quotidiennement.
La tombe ne permettant plus le libre passage des défilés entre les piliers, l'arc s'apparente désormais à un sanctuaire.
Cet autel de la patrie s'impose par la simplicité de ses lignes et son gigantisme ; avec ses 50 mètres de haut, l'arc de triomphe détient le record du genre. Son décor sculpté, l'un des plus importants du XIXe siècle, compte notamment *Le Départ des Volontaires de 1792*, œuvre de François Rude plus communément appelée *La Marseillaise*.

Église Saint-Augustin

Place Saint-Augustin (8e)

C'est en partie par le percement de longues avenues débouchant chacune sur un nouveau monument que Napoléon III entendait embellir Paris. Apparurent ainsi les perspectives de l'opéra, du tribunal de commerce et de l'église Saint-Augustin, laquelle se distingue ainsi des autres lieux de culte construits à Paris sous le Second Empire. Elle s'en démarque également par son style inédit. La coupole et les arcs en plein cintre annoncent le courant romano-byzantin, dont l'œuvre principale sera la basilique du Sacré-Cœur à Montmartre. Un autre trait de modernité de l'église Saint-Augustin apparaît dans l'omniprésence et la visibilité, jusqu'à l'intérieur de l'édifice, des structures métalliques, suivant l'exemple récent de l'église Saint-Eugène, située à proximité, mais surtout de bâtiments profanes et neufs, tels que les Halles de Paris, de l'architecte Victor Baltard, auquel d'ailleurs la réalisation de l'église Saint-Augustin incombera. La résistance obtenue par le fer et la fonte ont évité le recours aux contreforts et aux arcs-boutants, afin d'alléger le coût de la construction ainsi que l'aspect de l'église. L'architecture en métal apparent sera bientôt dépréciée, mais elle reviendra triomphalement, à la fin du XXe siècle, souvent en association avec le verre, comme en témoignent les tours de la Défense.

Grand Palais

Avenue Winston-Churchill (8e)

Le Grand Palais fut construit entre 1897 et 1900 dans la perspective de l'Exposition universelle. Cette gigantesque halle en métal est habillée de façades en pierre s'ornant de colonnades sur les avenues Winston-Churchill et Franklin-D.-Roosevelt. Mais la pièce la plus spectaculaire de l'édifice reste sa grande nef coiffée d'une verrière immense, elle-même couronnée d'un dôme. À l'intérieur, un remarquable escalier en fonte déploie ses volutes art nouveau pour mener à la galerie.
Le bâtiment abrite le palais de la Découverte et sert de cadre aux grandes expositions artistiques. La nef a accueilli de nombreuses manifestations – salons de l'automobile, des arts ménagers, du livre… – avant d'être fermée au public en 1993 et de faire l'objet d'importants travaux jusqu'en 2007 pour remédier aux désordres apparus dans la toiture. La structure a été reprise, consolidée et le vitrage entièrement renouvelé avec des verres modernes, plus résistants et plus transparents.

Petit Palais

Avenue Winston-Churchill (8e)

Un concert tonitruant de louanges salua la fin de la construction du Petit Palais en 1900, année marquée par le tenue de l'Exposition universelle à Paris. La critique apprécia son élégance et ses lignes en harmonie avec le paysage alentour. Comme au Grand Palais, situé en face et édifié conjointement, la colonnade fait écho à celles de la place de la Concorde, tandis que le dôme rappelle celui des Invalides. Mais, à la différence de son illustre voisin, l'architecture du Petit Palais demeure d'apparence traditionnelle et ne comporte pas de verrière. Passé l'entrée, traitée comme un arc de triomphe et ornée d'une grille aussi ouvragée que celle de la place Stanislas à Nancy, le visiteur déambule à travers deux longues salles au décor inspiré par la galerie des Glaces de Versailles, il foule des sols en mosaïque et chemine sous la voûte peinte à fresque du péristyle entourant le jardin intérieur. Le monument séduit aussi par les lignes courbes de son plan et de ses élévations, ainsi que par celles de certaines fenêtres et escaliers.
Après avoir abrité une rétrospective des arts français lors de l'Exposition universelle, le Petit Palais reçu les œuvres artistiques de la Ville de Paris, achetées ou commandées par la municipalité durant le XIXe siècle, et devint un musée en 1902. De nombreux dons et achats vinrent peu après enrichir les collections et participer au rayonnement du site ainsi qu'à celui de la capitale française.
Les décors peints datant de 1925 célèbrent d'ailleurs en grande partie la gloire de la cité.

1
0
Expositions
Billetterie
ZORN

Place de la Concorde

(8e arrondissement)

Plus vaste et certainement plus belle place de Paris, la Concorde fut aménagée au XVIIIe hors la ville pour accueillir une statue équestre de Louis XV. À la demande du souverain, Jacques-Ange Gabriel dessina un vaste quadrilatère à pans coupés délimité par des fossés-promenades. Au nord, et au nord seulement car il s'agissait de préserver la perspective sur les Champs-Élysées et la vue sur la Seine, l'architecte éleva deux palais dans le style de la colonnade du Louvre. Dénommée place Louis XV, la dernière place royale parisienne devint place de la Révolution en 1792 et fut le théâtre de plus de mille exécutions publiques parmi lesquelles celles de Louis XVI, de Marie-Antoinette et, un peu plus tard, de Robespierre.
Changeant plusieurs fois de nom, la place adoptera définitivement celui de Concorde en 1830 quand la monarchie de Juillet, soucieuse de faire oublier les déchirements de la Révolution, s'emploiera à refondre le décor de la place de la façon la plus neutre qui puisse être. L'obélisque de Louqsor, offert par l'Égypte, remplissait parfaitement cet office et fut érigé au centre de la place.
Un nouveau mobilier urbain – fontaines, colonnes rostrales, statues des villes françaises – fut mis en place par Hittorff entre 1830 et 1844.

Église de la Madeleine

Place de la Madeleine (8e)

Près de 80 ans séparent la pose de la première pierre de l'église Sainte-Marie-de-la-Madeleine de sa consécration, en 1845. Entre-temps, l'édifice changea de forme plusieurs fois.
C'est pour répondre au développement d'un quartier qui ne disposait alors que d'une modeste paroisse au départ de l'actuel boulevard Malesherbes qu'on décida, au milieu du XVIIIe siècle, de construire une nouvelle église, plus vaste. Mais la proximité de la place de la Concorde, alors en cours de conception, donna à l'édifice une fonction supplémentaire : il s'agissait de compléter l'ensemble monumental de la place par un aboutissement à la perspective de la rue Royale.
L'église devait être coiffée d'un dôme semblable à celui du Panthéon de Paris réalisé en même temps ; la Révolution interrompit les travaux et imagina d'autres usages que religieux pour le futur bâtiment. Napoléon décida finalement d'en faire un temple à la gloire de la Grande Armée et lui donna l'aspect que nous lui connaissons.
Sous la Restauration, le bâtiment fut enfin affecté au culte catholique bien que son architecture évoque celle d'un temple gréco-romain ! La Madeleine est aujourd'hui la troisième église la plus visitée de Paris et elle s'est imposée comme le lieu des funérailles d'artistes.

Place Vendôme

(1er arrondissement)

Contemporaine de la place des Victoires, la place Vendôme était également dédiée à Louis XIV. Il fut même question de les relier par une nouvelle rue, mais le projet avorta pour des raisons financières. La volonté de donner un pendant dans l'ouest de Paris à la place Royale – qui n'était pas encore des Vosges – incita le ministre Louvois à lancer les travaux. Comme pour sa sœur de l'est parisien, des lotissements de la place Vendôme furent concédés à des personnes privées avec l'obligation de construire les façades suivant le modèle dessiné par Jules Hardouin-Mansart. En outre, des administrations et des services de l'État devaient également être rassemblés autour d'une statue royale en bronze. Une crise économique transforma toutefois le programme en opération immobilière spéculative qui ne céda le terrain qu'aux hôtels particuliers luxueux. Ils épousent l'idéal de sobriété du classicisme alors en vogue et se déploient autour d'une place octogonale. Au centre, la statue équestre de Louis XIV en empereur romain s'accordait aux proportions du bâti ; elle fut fondue durant la Révolution, sort alors réservé aux statues royales. La colonne qui la remplace change l'échelle de la place avec ses 44 mètres de hauteur. Cette colonne a été élevée en 1806 par Napoléon pour célébrer la victoire d'Austerlitz ; réplique de la colonne de Trajan à Rome, elle est plaquée de bronze provenant de canons ennemis. Elle soutient une statue de l'empereur des Français vêtu tel un césar. Un autre bouleversement des perspectives, plus à ras de terre celui-ci, a été la conséquence de l'ouverture des rues de Castiglione et de la Paix, voulue par Napoléon pour relier la rue de Rivoli aux grands boulevards.
La prestigieuse place Vendôme abrite aujourd'hui les plus grands noms de la joaillerie.

ACADEMIE NATIONALE DE MUSIQUE

Opéra Garnier

Place de l'Opéra (9e)

C'est après un attentat manqué contre Napoléon III près de l'ancienne salle de la rue Le-Peletier qu'on forma le projet d'édifier un nouvel opéra aux accès plus sûrs. La construction du bâtiment se doublait d'une vaste opération d'urbanisme prévoyant la rénovation de tout un quartier et la percée de l'avenue de l'Opéra depuis le Palais-Royal. L'ensemble s'inscrivait dans le cadre des embellissements de Paris, bouleversant alors le visage de la capitale.
Un concours désigna, en décembre 1860, le projet de Charles Garnier, jeune architecte encore inconnu. Quinze ans durant, il s'identifiera pleinement à son œuvre et en supervisera les moindres détails. Mais avant de construire, il dut commencer par assécher une nappe d'eau souterraine… qui ne sera pas sans rapport avec la légende du lac de l'Opéra, promise à une belle postérité. L'édifice offre une décoration profuse, une abondance de marbres polychromes, de dorures, de mosaïques, de statues… Un parti d'éclectisme assumé juxtapose les références et joue avec les styles. « De quoi s'agit-il au juste ? » À cette question, Garnier répondait que son œuvre marquait tout simplement

AMPHITHEATRE

la naissance du style Napoléon III !
À l'intérieur, le grand escalier, véritable « monument dans le monument », se déroule majestueusement, offrant perspectives, arcades et balcons d'où l'on peut voir comme être vu. Le foyer évoque la galerie des Glaces de Versailles et la salle rouge et or est ceinte de cinq étages de loges. Son plafond original est caché depuis 1964 par la composition de Chagall évoquant des opéras célèbres. Le grand lustre pèse plus de 6 tonnes ; il a été dessiné par Charles Garnier.
L'opéra propose environ deux cents représentations par an, essentiellement des ballets.

Palais-Royal

Entre la rue de Valois
et la rue de Montpensier (1er)

Avant d'être royal, le palais fut cardinal. À deux pas du Louvre où résidaient le roi et la cour, le duc de Richelieu, principal ministre et homme d'église, acheta maisons et terrains pour se faire construire à leur emplacement un somptueux palais, doté du plus grand jardin existant alors à Paris. Richelieu avait promis qu'à sa mort son palais reviendrait au roi. C'est ce qui se produisit en 1642 et le palais – devenu royal – accueillit Anne d'Autriche et son fils, le futur Louis XIV. Plus tard, le frère du roi, le duc d'Orléans, reçut le palais ; il resta en possession de la famille jusqu'au milieu du XIXe siècle. Entre-temps, le domaine fut tant et si bien transformé qu'il ne reste pratiquement aucun vestige du Palais-Cardinal, si ce n'est la galerie des Proues bordant un côté de la cour d'honneur et un balcon au 6, rue de Valois. Moins de dix ans avant la Révolution, Philippe d'Orléans, couvert de dettes, imagina de lotir le pourtour des jardins d'immeubles d'habitation et d'y ouvrir au rez-de-chaussée des boutiques et des galeries. L'opération eut un grand succès et l'endroit devint un des lieux les plus animés de Paris. Maisons de jeux et de plaisirs y fleurissaient d'autant plus à leur aise que la police n'avait pas accès au domaine. C'est ici que fut lancé l'appel aux armes de la Révolution, le 12 juillet 1789. Sous l'Empire, cafés, restaurants continuèrent de prospérer… tout comme la réputation galante et libertine du lieu. La fin de la fête sonna avec le retour en France de Louis-Philippe, duc d'Orléans, qui prit possession du palais familial et y fit entreprendre d'importants travaux de 1815 à 1830. Le domaine fut confisqué en 1854 par Napoléon III, malmené durant la Commune puis restauré. Le Conseil d'État et le ministère de la Culture y ont leur siège. En 1986, Daniel Buren a installé dans la cour d'honneur des colonnes tronquées, rayées noir et blanc, qui ont défrayé la chronique.

Carrousel du Louvre

Place du Carrousel (1er)

Cet arc, moins imposant que son grand frère de la place de l'Étoile, a également été commandé par Napoléon et fut bâti entre 1806 et 1808 par Percier et Fontaine, les grands architectes de l'Empire.
Ses parois sont décorées de bas-reliefs narratifs tandis que des colonnes en marbre rouge soutiennent des soldats en pierre. Ceux-ci représentent les divers corps de l'armée impériale plutôt que des figures héroïques qu'il aurait fallu montrer dans leur nudité, selon les canons alors très en vogue de la théâtralisation à l'antique.
L'arc du Carrousel faisait office de porte solennelle du palais des Tuileries, détruit à la suite de l'incendie de la Commune en 1871. Depuis cette disparition, le monument a pris la valeur de premier jalon du grand axe historique de Paris, scandé plus loin par les arcs de la place de l'Étoile et de La Défense.

Musée du Louvre

Rue de Rivoli (1er)

Palais des rois devenu temple des arts, le Louvre fut d'abord une austère forteresse médiévale. Au XVIe siècle, François Ier fit raser le donjon et entreprit de transformer le château en un palais Renaissance. L'œuvre fut poursuivie par Henri IV qui acheva en 1610 la grande galerie le long de la Seine, reliant le Louvre au palais des Tuileries. Louis XIV décida d'agrandir la Cour Carrée et de la border de nouvelles ailes. Il fit également réaliser la grande colonnade, entrée monumentale à la mesure du palais. Le roi, cependant, laissa de nombreux travaux inachevés et le transfert de la cour au nouveau château de Versailles signifia l'abandon du Louvre aux artistes et à quelques opportunistes qui l'occupèrent. La Révolution fit du palais un musée constitué par les collections royales. Napoléon Ier engagea la construction de l'aile nord (le long de la rue de Rivoli) que termina son neveu Napoléon III ; il réalisait ainsi le « grand dessein » formé par Henri IV, près de trois siècles auparavant, de réunir complètement le Louvre aux Tuileries. Cette satisfaction ne fut toutefois qu'éphémère puisque le palais des Tuileries devait être victime, quelques années plus tard, de l'incendie de la Commune.

La statue d'Athéna Mattei est une réplique romaine d'un original grec du IVe siècle avant J.-C.

La cour Marly où sont réunies des sculptures en provenance du parc du château de Marly et réalisées à la fin du règne de Louis XIV.

Les volutes de l'accès principal au musée, sous la pyramide.

Les appartements d'Anne d'Autriche, mère de Louis XIV, accueillant aujourd'hui les collections d'antiquités romaines.

Voulu par le président François Mitterrand, le projet du Grand Louvre est achevé en 1993. Il libère de nouveaux espaces pour présenter les œuvres d'art du plus grand musée du monde en transférant le ministère des Finances depuis l'aile Richelieu du Louvre vers Bercy, à l'est de la capitale, et en gagnant de nouveaux espaces en sous-sol. La pyramide de verre dessinée par Ieoh Ming Pei, principale entrée du musée, donne de la clarté et du volume au hall d'accueil en même temps qu'elle devient le point de départ de l'axe royal jalonné par les arcs du Carrousel et de Triomphe, puis par l'Arche de La Défense, elle aussi inaugurée en 1989.

La galerie d'Apollon, modèle de la future galerie des Glaces au château de Versailles.

La salle à manger des appartements dits de Napoléon III, luxueuse réalisation du Second Empire.

La colonnade du Louvre, clôturant la cour Carrée et construite à l'époque de Louis XIV exerça une influence durable sur l'architecture européenne et parisienne. Les bâtiments de la place de la Concorde ou la façade de l'opéra Garnier résonnent de son écho lointain.

Église Saint-Eustache - Bourse de commerce de Paris

Rue du Louvre (1er)

Depuis la destruction des pavillons du grand marché de la capitale au début des années 1970, le quartier des Halles n'est plus « le ventre de Paris » décrit par Zola. Le secteur peine depuis lors à retrouver une âme et un visage, mais deux monuments, aux styles contrastés, l'ancrent dans l'histoire : la bourse de commerce, aux lignes rondes et régulières, ainsi que l'église Saint-Eustache, toute en tension verticale, aux arêtes vives et en variations de volumes.

Le premier bâtiment est l'ancienne halle au blé, bâtie en 1763 pour assurer l'approvisionnement en pain des Parisiens, à l'emplacement de l'hôtel de Soissons, où se retira au XVIe siècle la reine Catherine de Médicis. Il ne subsiste de cette demeure qu'une haute colonne d'où Ruggieri, l'astrologue attitré de la souveraine, se serait livré à des observations cosmiques. La halle au blé entoure une cour circulaire qui était initialement à ciel ouvert. En 1885, les lieux furent affectés à la bourse de commerce. Acheté par la municipalité parisienne en 2016 et affecté à la Fondation François-Pinault pour la création contemporaine, le monument, désormais réaménagé par l'architecte japonais Tadao Ando, contribue à hisser Paris au rang d'une des principales places mondiales d'art moderne.

Quant à l'église Saint-Eustache, elle a pour surnom "la cathédrale des Halles". Ses dimensions et son plan autorisent en effet la comparaison avec Notre-Dame de Paris. Édifiée à partir de 1532, son aspect extérieur témoigne de la persistance du style gothique – hormis la façade, reconstruite au XVIIe siècle et demeurée inachevée. Son décor intérieur emprunte au répertoire ornemental de la Renaissance.

Hôtel de Ville

Place de l'Hôtel-de-Ville (4e)

Véritable palais, plus vaste que l'Élysée et rival du Louvre des rois, l'Hôtel de Ville est à la mesure de la puissance de la municipalité parisienne. Celle-ci fit même parfois figure de contre-pouvoir à l'État. Le poids de Paris et la méfiance de l'exécutif à son égard lui valurent d'être privé d'un maire pendant plus d'un siècle ; ce n'est qu'en 1975 que le statut de la ville fut réformé. Deux ans plus tard, Jacques Chirac était élu maire, succédant, si l'on peut dire, à Jules Ferry, dernier maire en poste en 1870-1871.

L'Hôtel de Ville actuel, terminé en 1882, remplace l'édifice précédent, construit au XVIe siècle et incendié durant la Commune de 1871. Il en est une réplique légèrement agrandie, toujours en style Renaissance, profuse en arcades, en niches, en fenêtres à meneaux et toitures en pente. Une foule de statues, de Parisiens illustres ou de figures allégoriques, peuple les façades, faisant de l'Hôtel de Ville le sanctuaire d'une mémoire collective. La décoration intérieure est d'une grande richesse, les grands salons de réception étant couverts de dorures, stucs et fresques académiques. La salle des fêtes mesure plus de 50 mètres de long ; ses plafonds s'ornent en leur centre d'une composition de Benjamin Constant, *La Ville de Paris conviant le monde à ses fêtes.*

PARIS
OTAGES

La galerie des Fêtes est inspirée par la galerie des Glaces de Versailles. Autour de Paris en figure centrale, elle accueille le cortège des provinces et départements.

Le salon des Arcades.

L'escalier d'honneur, copié sur celui du Sénat, est précédé d'une sculpture d'un porte-falot qui, au Moyen Âge, éclairait de nuit les rues avec une lanterne.

Tour Saint-Jacques

Square de la Tour-Saint-Jacques, entre la rue de Rivoli et l'avenue Victoria (4e)

La tour est l'ultime vestige de l'église Saint-Jacques-de-la-Boucherie, devenue bien national pendant la Révolution et détruite peu après. Miraculeusement sauvée, la tour Saint-Jacques présente une allure gothique alors qu'elle a été construite, comme l'église dont elle était le clocher, au début du XVIe siècle. Des milliers de pèlerins se sont engagés depuis ce point de départ sur le long chemin menant à Saint-Jacques-de-Compostelle.
Une statue de Blaise Pascal, au rez-de-chaussée, rappelle que le savant aurait conduit ici, au milieu du XVIIe siècle, des expériences sur la pesanteur de l'air. Après la Révolution, la tour Saint-Jacques n'en avait pas terminé avec l'épreuve des lois de la physique puisqu'une fabrique de plombs de chasse eut l'idée d'y mettre en œuvre un procédé original ; depuis le sommet de la tour, le métal en fusion était précipité dans des conduits pour se disperser en grenaille et refroidir au cours de sa chute.
La tour, dégagée des maisons qui l'enserraient à l'occasion des percements de la rue de Rivoli et du boulevard de Sébastopol, fit l'objet d'importantes restaurations au milieu du XIXe siècle ; en particulier, la statue de saint Jacques, abattue durant la Révolution, fut remplacée.Depuis 1891, la tour abrite une petite station météorologique ; elle est aujourd'hui une des stations d'Airparif mesurant le degré de pollution de l'air de Paris.

DOIT PROTESTER

Centre Pompidou

Place Georges-Pompidou (4e)

Sans doute s'agit-il du monument ayant suscité le plus de réactions passionnées et de polémiques depuis… l'édification de la tour Eiffel, presque un siècle plus tôt ! « Raffinerie » pour les uns, œuvre d'avant-garde pour les autres, le centre Pompidou n'a pas laissé indifférent quand il est sorti de terre au cœur du vieux Paris.
L'initiative de cette réalisation revient au président Georges Pompidou, en 1969, qui souhaitait doter Paris d'un centre d'art contemporain à sa mesure. Un jury retint le projet provocateur des jeunes architectes Piano et Rogers ; le président ne partageait pas ce choix mais s'abstint d'intervenir.
Rejetant à l'extérieur la structure porteuse, les architectes prirent le parti de libérer les six plateaux du Centre de tout mur ou pilier. De la même manière, canalisations et conduits techniques ne sont pas dissimulés dans la construction mais s'affichent sur la rue du Renard, gros tuyaux colorés acheminant, selon leur couleur, l'air, l'eau et l'électricité. La façade principale, longue de 166 mètres, est rythmée par un escalator en zigzag, logé dans une structure cylindrique, qui emprunte aussi à la composition tubulaire.
Inauguré en 1977, l'édifice, qualifié de postindustriel en raison des références explicites à l'architecture des usines, est curieusement resté sans descendance. Son mérite principal est certainement d'être à l'origine d'un mouvement général de renouveau des musées et d'avoir su attirer un public cinq fois plus nombreux qu'escompté.

Quartier du Marais

(3e et 4e arrondissements)

Le Marais tient son nom des cultures maraîchères pratiquées depuis le milieu du Moyen Âge dans cette zone fertile comprise entre la Seine et les actuels grands boulevards. À partir du XIIe siècle, de nombreux couvents et abbayes vinrent s'établir dans le Marais. Aux XIVe et XVe siècles, le quartier put s'enorgueillir de la présence de deux résidences royales, l'hôtel Saint-Pol et l'hôtel des Tournelles (tous deux disparus). L'âge d'or du Marais fut toutefois un peu plus tardif. C'est la création de la place des Vosges au début du XVIIe siècle par Henri IV qui fit naître une fièvre bâtisseuse. Les religieux vendirent ou lotirent eux-mêmes les vastes terrains dont ils disposaient et les champs reculèrent au profit de somptueux hôtels particuliers. Le quartier – surtout au nord – était à la mode, recherché par la noblesse et les grandes fortunes. Il le restera jusqu'au début du XVIIIe siècle.

L'hôtel de Sens est un rare exemple parisien de l'architecture profane du Moyen Âge. Il fut construit par Tristan de Salazar, archevêque de Sens, de la fin du XVe siècle au début du XVIe. La demeure n'accueillit toutefois pas que des ecclésiastiques puisque la célèbre et tempétueuse reine Margot, ex-épouse d'Henri IV, y logea en 1605. Plusieurs entreprises artisanales investirent successivement l'hôtel au cours du XIXe siècle, avant qu'il ne soit racheté en 1911, quasiment en ruine, par la Ville. Restauré, et en plusieurs endroits assez librement reconstitué, l'hôtel de Sens abrite aujourd'hui la bibliothèque Forney.

1, rue du Figuier (4e)

L'hôtel de Soubise résulte de la transformation, au tout début du XVIIIe siècle, d'un ancien hôtel médiéval dont la porte est toujours visible au 58, rue des Archives. Pour François de Rohan, prince de Soubise, l'architecte Pierre Alexis Delamair conçut une spectaculaire cour d'honneur sur l'ancien manège et habilla le palais d'une nouvelle façade.
Les appartements ont été aménagés en style rocaille par Germain Boffrand dans les années 1730. Dépendant des Archives nationales, l'hôtel de Soubise abrite le musée de l'Histoire de France.
60, rue des Francs-Bourgeois (3e)

Le salon Ovale de la princesse de Soubise, tel qu'il se présente depuis 1739, est un fleuron de l'art rocaille. Les peintures réalisées par Natoire illustrent les aventures de Psyché.

La chambre d'apparat de la princesse, au lit reconstitué d'après les dessins de Boffrand.

L'hôtel de Sully, bâti à partir de 1625, s'inscrit dans le style Renaissance tardif, comme en témoignent les grands toits à pentes, les lucarnes ouvragées et les façades décorées de reliefs. Son nom reste attaché à celui du célèbre surintendant des finances du roi Henri IV qui en fit l'acquisition en 1634. Ses descendants agrandirent la résidence au cours du XVIIe siècle par une aile côté jardin. Propriété de l'État depuis 1944, l'hôtel de Sully abrite le siège du Centre des monuments nationaux.

62, rue Saint-Antoine (4e)

HOTEL DE SULLY
PANINI . PIZZA

Place des Vosges

(3e et 4e arrondissements)

Cette place royale a été aménagée sur l'emprise de l'ancien hôtel des Tournelles où mourut le roi Henri II, en 1559, des suites d'une blessure de tournoi. Catherine de Médicis fit raser la bâtisse où son mari avait agonisé dix jours et s'en alla au Louvre. Le terrain libéré fut investi par un marché aux chevaux puis par une cour des miracles. Henri IV y installa une manufacture de soie en 1604 et voulut l'agrémenter d'une place bordée sur les trois autres côtés de maisons susceptibles de loger les artisans. Les concessions furent données à des investisseurs privés avec la contrainte de bâtir suivant un plan préétabli et unique et en utilisant les mêmes matériaux, brique, pierre et ardoise. La manufacture périclita rapidement et fut rasée en 1607. À sa place, des pavillons semblables à ceux qui ceignaient la place sur ses autres côtés furent construits. La place Royale fut inaugurée en 1612 par Louis XIII, à l'occasion de son mariage avec Anne d'Autriche. Elle devint un séjour aristocratique et recherché jusqu'au XIXe siècle.

La place Royale a plusieurs fois changé de nom ; elle est devenue place des Vosges en 1800 pour saluer la vertu fiscale de ce département dont les habitants furent les premiers à acquitter leurs impôts.

Place de la Bastille

(4e, 11e et 12e arrondissements)

Loin du modèle savamment élaboré de la place royale, la place de la Bastille s'est développée plus librement et tient davantage du carrefour. Au débouché de la rue Saint-Antoine, principale artère de Paris sous l'Ancien Régime, la Bastille fut le haut lieu des révolutions. À commencer par celle de 1789, quand la foule s'empara, le 14 juillet, de la fameuse forteresse, symbole de l'absolutisme royal. Il ne reste pratiquement plus rien de la prison de la Bastille dont l'existence n'est indiquée que par un tracé pavé au sol. La révolution de 1830 a laissé un souvenir plus visible avec la colonne en bronze, gravée des noms des victimes de l'insurrection de juillet. À ceux-ci, se sont ajoutés les morts de la révolution de 1848. La colonne de Juillet est surmontée de la sculpture en bronze doré du Génie de la Liberté.
À l'emplacement de l'ancienne gare de la Bastille, l'Opéra fut réalisé par Carlos Ott à l'occasion des grands travaux des années 1980 et inauguré pour le bicentenaire de la Révolution. À la différence du Palais Garnier, ce nouvel opéra « populaire » devait s'insérer dans le tissu urbain existant sans remodeler tout un quartier. C'est bien ce dont s'acquitte l'Opéra Bastille, bordant tout un côté de la place et s'étirant sur la rue de Lyon. Mais son architecture lourde et sans forme ne trouve une personnalité qu'à la nuit tombée, par la grâce des éclairages de Yann Kersalé.

LA GRANDE HALLE
VILLETTE SONIQUE
31 MAI - 6 JUIN

La Villette

Entre l'avenue Corentin-Cariou et l'avenue Jean-Jaurès (19e)

La conversion d'anciens grands sites commerciaux en lieux d'agrément ou culturels est la principale marque d'urbanisme contemporain. Les quartiers de Bercy, des Halles et de la Villette ont ainsi changé de vocation. Le dernier cité était dominé par le marché aux bestiaux et les abattoirs créés en 1867. Une reconstruction partielle et mal exécutée, au début des années 1970, scella rapidement leur sort. Quelques années plus tard, La Villette sera dédiée à la vulgarisation scientifique et aux loisirs. En outre, diverses institutions culturelles y prendront place et un parc sera aménagé.

Le secteur couvre aujourd'hui 55 hectares. Il est ponctué de pavillons rouges, les "Folies", et a pour axe principal le canal de l'Ourcq. Quelques équipements d'origine ont été conservés, dont la halle aux bœufs, précieux témoignage d'architecture industrielle du XIXe siècle. Quant à l'ouvrage principal, celui de la Cité des sciences, il résulte de la transformation des abattoirs. D'autres réalisations ont vu le jour, comme la Géode, cinéma à écran semi-circulaire logé dans une sphère métallique, ainsi que divers bâtiments dédiés à la musique, notamment celui de la Philharmonie de Paris, inauguré en 2015 et de forme compacte, suggérant une colline.

Il comporte une salle de concert de 2 400 places.

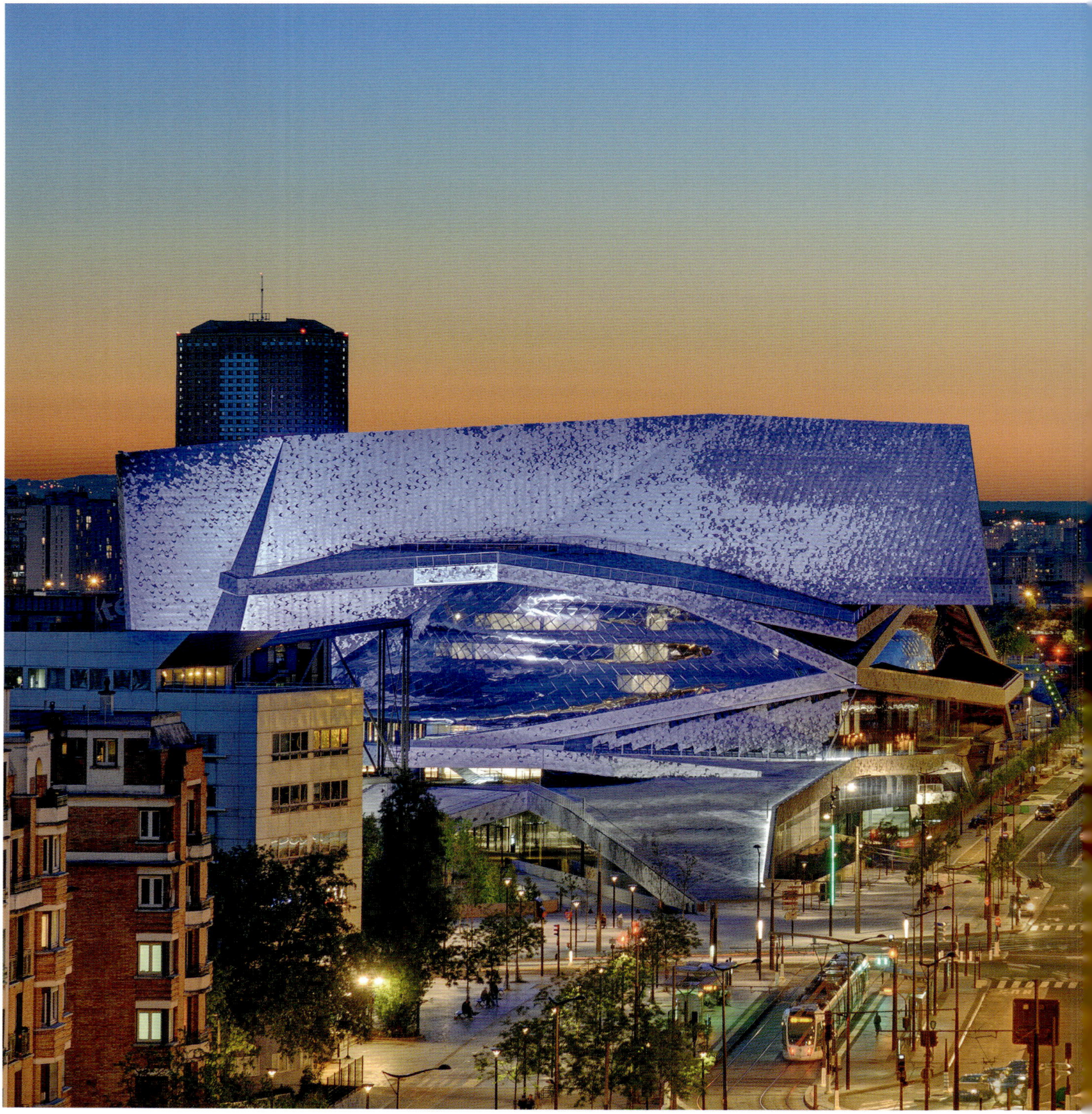

La Philharmonie de Paris, œuvre de Jean Nouvel.

La rotonde de la Villette est une des rares barrières d'octroi conservées d'une muraille édifiée à la fin du XVIIIe siècle et ceinturant Paris. Le style du bâtiment emprunte à l'architecture des villas palladiennes des environs de Venise.

Basilique du Sacré-Cœur

Parvis du Sacré-Cœur (18e)

En 1870, quelques intellectuels pieux émus par la récente disparition des États pontificaux tinrent à affirmer la vigueur du christianisme face aux idéaux laïques des représentants de la nouvelle république. Ils lancèrent une souscription populaire afin d'édifier une basilique au Sacré Cœur de Jésus au sommet de la colline de Montmartre – lieu supposé du martyr de saint Denis.
Ce projet très controversé fut néanmoins voté par les parlementaires et le chantier commença en 1876.
Il devait durer plus de 40 ans car le sous-sol de la butte, instable et miné de carrières, imposa le forage de puits en grande profondeur pour donner des fondations à l'édifice.
Maintes fois repris et modifiés, les plans du Sacré-Cœur témoignent du goût du XIXe siècle pour l'éclectisme ; le monument combine la tradition romane des arcs en berceau et une coloration byzantine dans la cascade de coupoles librement inspirées de Sainte-Sophie de Constantinople. Par ailleurs, la pierre dans laquelle il est construit présente la particularité de blanchir au contact de la pluie, ce qui accentue encore l'étrangeté de l'édifice dans le paysage urbain. Au chevet, le haut campanile abrite la Savoyarde, la plus lourde cloche de Paris, d'un poids de 19 tonnes.
La basilique a été consacrée en octobre 1919. Elle est devenue depuis un lieu de pèlerinage mais aussi de tourisme, son omniprésence dans le ciel de Paris l'ayant élevée au rang de symbole.

Au Sacré-Cœur, les fidèles forment une chaîne de l'adoration perpétuelle, prière continue de jour et de nuit, depuis la fondation de la basilique.

SV GALLIA PŒNITENS ET DEVOTA ET GRA

Bibliothèque nationale de France, site François-Mitterrand

11, quai François-Mauriac (13e)

La nouvelle bibliothèque des bords de Seine est née de l'engorgement de sa sœur aînée de la rue de Richelieu. Son ambition dépasse le simple apport de nouveaux rayonnages car elle doit être largement ouverte aux nouvelles technologies de l'information.
Le président de la République François Mitterrand choisit en 1989 le projet de Dominique Perrault, prévoyant un socle évidé accueillant un jardin et quatre hautes tours d'angle, pouvant figurer des livres ouverts. Chaque tour abrite sept étages de bureaux tandis que onze autres sont dévolus aux magasins de stockage des ouvrages.
Ce parti pris de conservation des livres en hauteur, bien que derrière des volets en bois les protégeant du soleil, et de salles de lecture enterrées, fit l'objet de nombreuses critiques lors de la gestation et de la mise en service de la nouvelle bibliothèque.
Il reste que la BNF-François Mitterrand a multiplié par six les capacités d'accueil de l'ancienne BN et qu'elle enferme 13 millions de livres et d'imprimés. Elle est également en possession d'un des plus anciens manuscrits du monde avec le papyrus Prisse (env. – 1900 av. J.C.).

Muséum national d'histoire naturelle et jardin des Plantes

57, rue Cuvier et 2, place Valhubert (5e)

En 1626, sous Louis XIII, le Jardin royal des plantes médicinales vit le jour mais c'est Buffon, au cours du XVIIIe siècle, qui lui donna sa véritable dimension, transformant le jardin de simples dirigé par le médecin du roi en un centre de recherche attirant les plus grands naturalistes.
La plus ancienne galerie du Muséum est celle de minéralogie, édifiée entre 1833 et 1841.
La galerie de zoologie, coiffée d'une verrière, a été construite en 1889, comme la tour Eiffel, pour abriter plus d'un million de spécimens.
Mal entretenue, elle se dégrada considérablement au point d'être fermée au public en 1965. On la coiffa d'un toit en zinc en 1968 pour la garantir de la pluie qui passait par les vitres brisées et abîmait les collections. La nuit se referma ainsi longtemps sur la grande galerie dont les portes restèrent closes. Sa résurrection n'intervint qu'en 1994, au terme d'un gigantesque chantier d'État conduit par les architectes Paul Chemetov et BorjaHuidobro qui donna naissance à la spectaculaire Grande Galerie de l'Évolution dont la scénographie présente sur trois niveaux la diversité du vivant, l'évolution de la vie, l'homme facteur d'évolution.

Cité de la Mode et du Design

34, quai d'Austerlitz (13e)

La Cité de la Mode et du Design est née de la volonté de doter l'Est parisien de grandes institutions culturelles et de réhabiliter un monument de l'architecture industrielle. La structure sur laquelle s'appuie la Cité de la Mode et du Design faisait en effet partie des Magasins Généraux d'Austerlitz, un lieu de permutation du transport de marchandises entre la Seine et des voies ferrées. Construits en 1907, ils figurent parmi les premières réalisations en béton armé. La plupart de ces entrepôts disparurent à la fin du XXe siècle ; d'autres, abandonnés, se couvrirent de végétation sauvage. Le sauvetage de l'un des bâtiments fut décidé au début du troisième millénaire. Les architectes mandatés, Jakob et MacFarlane, ont conservé le gros-œuvre en béton et ont ajouté, côté Seine, un corps de bâtiment fait d'acier et de verre sérigraphié. La ligne ondulante et la couleur verte de cette nouvelle structure évoquent le fleuve à ses pieds. Après une gestation difficile, la Cité de la Mode et du Design fut ouverte au public en 2012. L'Institut français de la mode – un établissement d'enseignement supérieur –, ainsi que diverses boutiques et salles d'expositions se partagent l'espace.

Institut du monde arabe

1, rue des Fossés-Saint-Bernard (5e)

Inauguré en 1987, l'Institut du monde arabe, fruit d'un partenariat entre la France et vingt-deux pays arabes, est tout à la fois un musée, une médiathèque et une bibliothèque.
En bord de Seine et à la lisière du Paris historique, l'édifice dessiné par les équipes de Jean Nouvel et d'Architecture Studio doit s'insérer harmonieusement dans son environnement et faire dialoguer les cultures. Côté Seine, verre et acier répondent aux pierres du vieux Paris tout comme la faille de la proue du bâtiment – pouvant figurer une ruelle de médina – se trouve dans la perspective du chevet de Notre-Dame. La façade la plus spectaculaire est celle qui donne sur le parvis, composée de grands panneaux pourvus de diaphragmes photoélectriques en forme de moucharabiehs filtrant plus ou moins la lumière suivant l'intensité du soleil.
À l'intérieur, des ascenseurs futuristes et transparents emportent en quelques secondes le visiteur à la terrasse du dernier étage. De ce belvédère, s'offre une vue époustouflante sur l'île Saint-Louis et l'île de la Cité.

Val-de-Grâce

1, place Alphonse-Laveran (5e)

La construction de l'église du Val-de-Grâce est l'accomplissement d'un vœu d'Anne d'Autriche qui avait promis de consacrer « un temple magnifique à Dieu » s'il lui accordait le fils qu'elle ne parvenait pas à avoir. La naissance du futur Louis XIV décida donc de cette église grandiose à laquelle furent adjoints un monastère et un pavillon pour la reine. Il revint au jeune roi, âgé de sept ans, de poser la première pierre en 1645. François Mansart, très inspiré par le baroque italien, ne put conduire à son terme le chantier de l'édifice dont il avait dessiné les plans ; les confortations préalables qu'il fallut réaliser dans un sous-sol miné d'anciennes carrières absorbèrent pratiquement le budget prévu pour la construction et le contrôleur des bâtiments jugea plus prudent, dès 1646, de remplacer l'architecte dépensier par Jacques Lemercier. Suivirent encore d'autres architectes qui achevèrent les travaux en 1667. Le décor intérieur du dôme de l'église est d'une grande richesse. Un baldaquin spectaculaire, inspiré de celui de Saint-Pierre de Rome, se compose de six colonnes torses. Au sol, une marqueterie de marbres rivalise en couleur et en finesse avec la fresque de la coupole.
La chapelle Saint-Louis donne accès par une galerie au cloître, aujourd'hui occupé par le service de santé des armées. En 1793, le couvent du Val-de-Grâce a été transformé en hôpital militaire ; il conserve cette qualité de nos jours.

Panthéon

Place du Panthéon (5e)

C'est bien une église que Louis XV avait commandée au sommet de la montagne Sainte-Geneviève à l'architecte Soufflot et dont la première pierre fut posée en 1764. Son style témoigne d'un retour au goût classique notamment par la présence des colonnes à l'antique. Sa conception générale est assez proche de celle de l'église des Invalides : trois dômes enchâssés coiffent l'élévation, sur un plan en forme de croix grecque. Dédié à sainte Geneviève, patronne des Parisiens, le monument changea de fonction sous la Révolution pour devenir la nécropole nationale des grands hommes. Les murs, autrefois percés de fenêtres, furent obturés pour créer une pénombre accordée à l'atmosphère recueillie d'un « panthéon national ». Les contours de certaines baies restent visibles de l'extérieur. Plusieurs fois, au gré de l'évolution des régimes au XIXe siècle, l'édifice fut rendu au culte puis à nouveau panthéon. Ce n'est qu'en 1885, à l'occasion des funérailles de Victor Hugo, qu'il devint définitivement lieu d'inhumation et de mémoire. Plus de soixante-dix corps reposent dans la crypte, dont quatre femmes. La simplicité et la similitude des sépultures semblent exprimer le dépouillement et l'égalité dans la mort. C'est sous le dôme du Panthéon qu'eut lieu en 1851 l'expérience du pendule de Foucault, attestant la rotation de la Terre.

Musée de Cluny - Musée national du Moyen Âge Paris

6, place Paul-Painlevé (5e)

Rare témoignage de l'architecture profane médiévale à Paris, cet hôtel a été construit à la fin du XVe siècle à l'intention des abbés de Cluny et sur initiative de Jacques d'Amboise, important dignitaire de l'Église et frère du cardinal Georges d'Amboise, Premier ministre du roi.
L'édifice préfigure le modèle de l'hôtel particulier entre cour et jardin, appelé à une belle postérité aux siècles suivants. Ici, deux ailes inégales se greffent sur le corps de logis pour définir une cour presque triangulaire, fermée sur la rue du Sommerard par un mur à créneaux. Un décor richement sculpté anime la balustrade, les lucarnes, la tour…
Cette maison ne fut guère utilisée par les abbés mais accueillit à diverses reprises des souverains étrangers. Elle fut habitée par le cardinal Mazarin en 1634. Vandalisé pendant la Révolution, l'hôtel fut ensuite livré à différents artisans qui continuèrent à le dégrader pour les nécessités de leurs activités. Restauré et adjoint aux thermes gallo-romains voisins, l'hôtel fut transformé, en 1843, en un musée du Moyen Âge. Son premier fonds était déjà constitué par les collections de l'érudit Alexandre Du Sommerard, passionné d'antiquités médiévales, qui avait investi l'hôtel de Cluny pour y établir sa résidence et permettre aux amateurs d'y contempler ses trésors.

Sorbonne

17, rue de la Sorbonne (5e)

La Sorbonne, un nom qui résonne dans le monde entier comme synonyme de culture et de savoir. Elle doit son nom à son fondateur, le théologien Robert de Sorbon, confesseur du roi de France Saint-Louis (Louis IX), qui fonda le collège de Sorbonne en 1257. Son histoire, au cours des siècles, a été si intimement liée à celle de l'Université de Paris, qu'elle en est devenue le symbole sous l'ancien régime.
En 1622, Armand du Plessis se para du titre de cardinal de Richelieu et accéda à la charge de proviseur de la Sorbonne. Considérant l'exiguïté et l'état de vétusté des locaux, il les fit abattre puis remplacer par une vaste bâtisse homogène. Le prélat lui adjoignit une chapelle. Sa coupole et sa façade l'inscrivent dans le courant des édifices cultuels alors inspirés par l'église de Gesù et de la basilique Saint-Pierre à Rome. Son chœur contient le tombeau du cardinal, en reconnaissance des largesses qu'il prodigua à l'institution.
Les bâtiments du XVIIe siècle disparurent eux aussi, au début de la IIIe République. Leur délabrement et la réforme de l'enseignement imposèrent en effet la construction d'un édifice plus fonctionnel. Seule la chapelle, au titre de monument historique, fut sauvegardée. La Sorbonne abrite aujourd'hui plusieurs universités et écoles supérieures, principalement dédiées aux sciences humaines et aux lettres. Elle est également le siège de la chancellerie des universités de Paris.

UNIVERSITÉS DE PARIS

Palais du Luxembourg

15, rue de Vaugirard (6e)

Le palais du Luxembourg a été construit à partir de 1615 par Salomon de Brosse pour Marie de Médicis.
La reine voulait une demeure qui lui rappelât son enfance florentine et les bossages à l'italienne du Luxembourg ont souvent été rapprochés de ceux du palais Pitti. L'aménagement que la reine voulait somptueux – elle commandera ainsi pas moins de 24 tableaux à Rubens pour orner sa galerie – durera une quinzaine d'années. Contrainte à l'exil, Marie de Médicis ne profitera que peu de temps de sa résidence.
Le palais connut ensuite d'illustres occupants : la duchesse de Guise, Madame de Maintenon et les enfants de Louis XIV, la duchesse de Berry, le comte de Provence… La Révolution en fit une prison et le Premier Empire y établit le Sénat. En 1835, le palais du Luxembourg fit l'objet d'une campagne importante de travaux d'agrandissement qui conduisit à la construction d'une nouvelle façade sur le jardin, imitant la composition d'origine.
Le palais est toujours le siège du Sénat. Les jardins passent pour être les plus beaux de Paris. Ils abritent une statuaire importante. Les terrasses, les perspectives et parterres composés en font un remarquable exemple de jardin à la française sauf dans la partie sud-ouest, plus sinueuse.

La salle des Conférences est sans nul doute la galerie la plus richement ornée de Paris. À l'origine salle des gardes et escalier, elle reçut son décor à l'époque de Napoléon III, à l'exception des tapisseries murales, tissées aux Gobelins vers 1900.

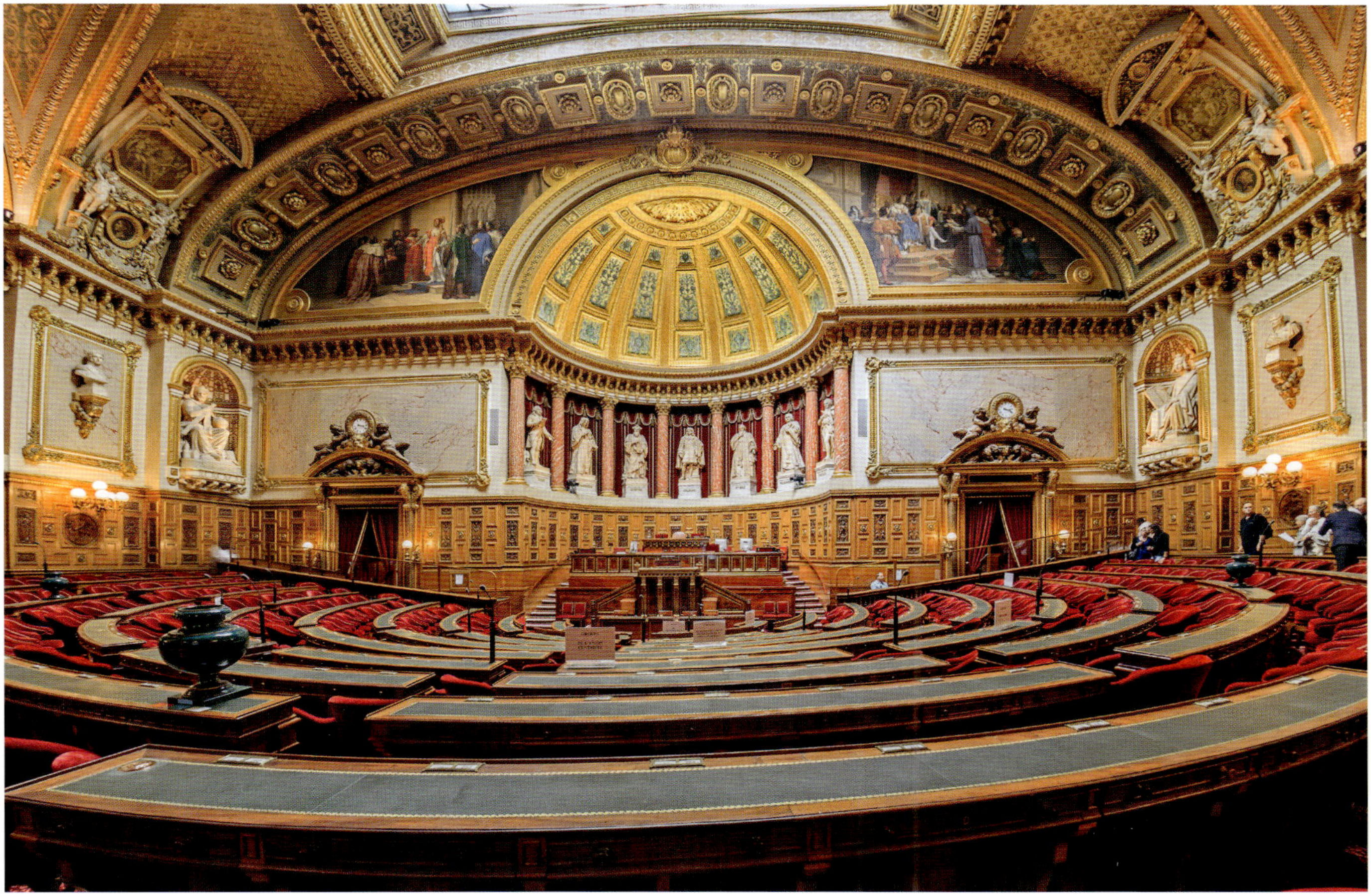

La salle des Séances où se réunissent les 348 membres du Sénat élus au suffrage universel indirect et qui disposent de prérogatives législatives étendues.

Hôtel de la Monnaie

2, rue Guénégaud (6e)

Une manufacture installée dans un palais ! C'est en effet à l'atelier de frappe des pièces numéraires, activité régalienne depuis le IXe siècle, que fut dévolu l'un des plus imposants bâtiments des berges de la Seine. Achevé en 1775, l'hôtel de la Monnaie est le dernier des monuments parisiens réalisés sous le règne de Louis XV. Il est aussi le plus sobre. Sa longue façade, rectiligne et parallèle au fleuve, est juste animée d'un avant-corps central à colonnes de style antique et surmontées de six statues personnifiant des vertus. La rigueur de cette architecture néoclassique, si appréciée à la fin du XVIIIe siècle, contraste fortement avec les rondeurs du siège de l'Institut de France bâti une centaine d'années auparavant et qui est contigu à la Monnaie.

La fabrication des pièces est échue en 1973 aux ateliers de Pessac, en Gironde, seule la conception des médailles et matrices de pièces a été maintenue dans l'hôtel parisien. L'hôtel accueille désormais la Monnaie de Paris - 11 Conti, un vaste ensemble comprenant un musée de numismatique, un centre d'exposition d'art contemporain, des boutiques et un restaurant.

Institut de France

23, quai Conti (6e)

Heureux académiciens qui disposent d'un des plus beaux monuments affectés à un organisme public ! L'Institut de France a pour mission depuis sa création, en 1795, de promouvoir les arts et les sciences grâce à cinq académies. La plus prestigieuse et la doyenne est l'Académie française, fondée en 1635. Ses quarante membres, surnommés « immortels » et élus par leurs pairs, sont les gardiens de la langue française. Ils en garantissent le bon usage et entérinent ses évolutions dans un dictionnaire patiemment élaboré. La publication de la neuvième édition a débuté en 1992.
L'Institut siège depuis 1805 dans l'ancien Collège des Quatre-Nations. Celui-ci avait été édifié entre 1662 et 1688, sur la volonté testamentaire du cardinal et ministre Mazarin, pour y instruire soixante gentilshommes de quatre provinces récemment annexées par la France.
L'architecte Louis Le Vau en dessina les plans, signant là son œuvre la plus italianisante. Le dôme de la chapelle et les ailes en hémicycle rappellent la basilique et la place Saint-Pierre de Rome. L'influence ultramontaine est également perceptible dans l'emploi prononcé des lignes rondes. Elles font contrepoint à la rigueur de l'aile sud de la Cour Carrée du Louvre, de l'autre côté de la Seine, également composée par Le Vau.

IVL. MAZARIN S.R.E. CARD. BASILICAM ET GYMNAS F.C.A. M.D.C.L.X.I

Musée d'Orsay

1, rue de la Légion-d'Honneur (7e)

En 1900, alors que Paris accueillait l'Exposition universelle, la Compagnie des Chemins de Fer d'Orléans inaugurait son terminus parisien sur le quai d'Orsay, en bord de Seine. L'architecte Victor Laloux a habillé la structure métallique de cette gare de prestige de façades en pierre pour mieux la fondre dans son environnement et ne pas imposer au Louvre, sur l'autre rive, une voisine d'allure industrielle. Côté Seine, des statues représentant les villes desservies rappellent néanmoins la fonction du bâtiment.
Peu adaptée à l'accroissement du trafic, la gare fut presque entièrement désaffectée en 1939. Le bâtiment restera longtemps sans destination et sera menacé de destruction avant qu'on imagine en faire le grand musée parisien dédié à l'art de la seconde moitié du XIXe siècle, et notamment à l'impressionnisme.
Les travaux de transformation furent conduits de 1981 à 1986. Chargée des aménagements intérieurs, l'architecte italienne Gae Aulenti a conservé les salles luxueuses de l'ancien hôtel de la gare ainsi que la voûte vitrée et métallique coiffant la grande nef. L'espace est vaste et lumineux tout en laissant lisible la fonction initiale de l'édifice. Le musée d'Orsay a été inauguré en décembre 1986, formant ses collections à partir de celles du Louvre, du musée du Jeu de Paume et du musée national d'Art moderne.

Trouvaille à Pompéi (à gauche) par Hippolyte Moulin en 1863 et *Vainqueur du coq* par Alexandre Falguière en 1864.

ASSEMBLÉE NATIONAL

Assemblée nationale

33, quai d'Orsay (7e)

Ce palais, construit entre 1722 et 1728, fut d'abord celui de la duchesse de Bourbon, fille de Louis XIV et de Madame de Montespan. Il fut agrandi à la veille de la Révolution par le prince de Condé qui lui ajouta deux ailes sur la cour d'honneur. Mais c'est sous l'Empire que le Palais-Bourbon héritera, côté Seine, d'une nouvelle façade plaquée sur l'édifice. Ce péristyle à l'antique donne la réplique à son frère jumeau de l'église de la Madeleine, dans la perspective de la place de la Concorde et de la rue Royale. Abritant le corps législatif du Conseil des Cinq-Cents pendant la Révolution, le palais sera ensuite le siège de la Chambre des députés, devenue l'Assemblée nationale depuis 1946. À l'intérieur, l'hémicycle ou la salle des séances, à l'emplacement des anciens salons de la duchesse de Bourbon, accueille les 577 députés de la représentation nationale. Élus au suffrage universel direct tous les cinq ans, leur rôle est de voter la loi, de contrôler l'action gouvernementale et d'évaluer les politiques publiques. L'Assemblée dispose d'une très riche bibliothèque enfermant 600 000 ouvrages parmi lesquels des manuscrits rares. Cette grande galerie est coiffée de coupoles remarquables peintes par Eugène Delacroix.

La salle des Séances ou hémicycle expose en son centre une tapisserie des Gobelins tissée au XVIIIe siècle illustrant *L'École d'Athènes* d'après une fresque de Raphaël au Vatican. Sous la tribune des orateurs, un bas-relief sculpté dans le marbre personnifie l'Histoire à gauche et la Renommée à droite.

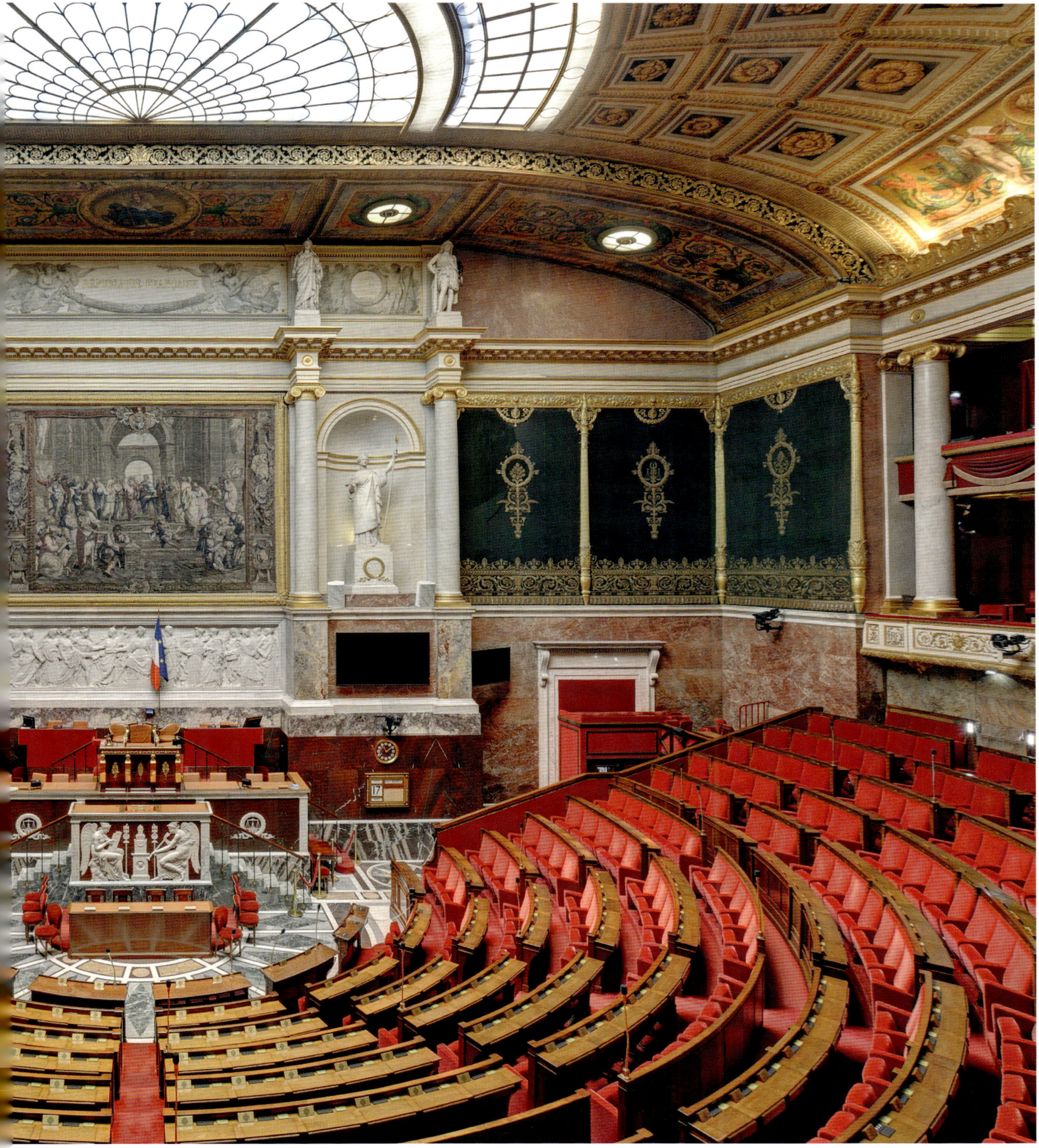

Invalides

129, rue de Grenelle (7e)

C'est sur la volonté de Louis XIV que fut créé l'hôtel des Invalides, destiné à recueillir les soldats blessés ou trop vieux pour continuer à servir. Auparavant, ces militaires devaient s'en remettre à la bienveillance des monastères quand ils n'étaient pas réduits à mendier.
De vastes bâtiments furent donc construits, en dehors de la ville, qui accueillirent un peu plus de 1 000 pensionnaires peu après l'inauguration, en 1674. Ils furent bientôt plus de 4 000.
L'établissement comprenait des dortoirs, des réfectoires, une infirmerie… Au sud de la solennelle cour d'honneur, ceinte d'une galerie sur arcades, s'ouvre l'église Saint-Louis des Invalides, dite église des Soldats. Dans sa nef, sont exposés des drapeaux pris à l'ennemi.
Accolée à cette première église, l'église du Dôme a été construite par Jules Hardouin-Mansart à l'intention du roi qui disposait d'une entrée distincte et à sa mesure. Elle est coiffée d'un dôme spectaculaire dont les dorures s'enflamment aux premiers rayons du soleil.
L'église du Dôme est devenue une nécropole militaire, abritant plusieurs tombeaux dont le plus célèbre est celui en quartzite rouge de Napoléon Ier, logé dans une rotonde percée lors des années 1850 au centre de l'édifice.

L'église du Dôme, chapelle royale des Invalides.

Le tombeau de Napoléon Ier.

Pont Alexandre-III

Entre le quai d'Orsay (7e)
et le cours La Reine (8e)

C'est à l'Exposition universelle de 1900 que l'on doit le plus beau pont de Paris. Ses figures allégoriques, ses colonnes à l'antique et ses guirlandes de fleurs sculptées font écho au décor du Grand et du Petit Palais situés à proximité et qui lui sont contemporains. Tous trois concourent à créer une perspective prestigieuse entre les Invalides et les Champs-Élysées. Sous un décor opulent, le pont révèle de grandes qualités techniques : la chaussée est surbaissée et n'est pas constituée de deux plans légèrement inclinés comme l'étaient alors la plupart des ponts. Le procédé évite ainsi de créer un obstacle à la vue sur la façade des Invalides. Pour faciliter la circulation fluviale, il est formé d'une seule arche, disposition rendue possible par le recours à l'acier, matériau encore peu employé pour les ouvrages d'art, ainsi que par la pose de culées renforcées sur les berges et surmontées de hauts piliers de contrepoids.
Si le pont Alexandre-III est le plus orné de Paris, il est aussi très chargé de sens politique : baptisé en l'honneur du tsar de Russie signataire d'une importante alliance avec la France en 1893, il s'apparente à un trait d'union entre les deux pays par la présence du blason de la Seine et de Paris du côté ouest et de celui de la Neva et de la Russie à l'opposé.

Musée du quai Branly - Jacques-Chirac

37, quai Branly (7e)

Le musée du quai Branly a été inauguré en 2006 par le président de la République, Jacques Chirac, qui fut également à l'origine du projet. Il est consacré aux arts des civilisations d'Afrique, d'Océanie, d'Asie et des Amériques rassemblées sous le vocable d'arts premiers.Les bâtiments ont été construits pour la nouvelle institution par Jean Nouvel. Le corps principal prend la forme d'un pont métallique – la tour Eiffel est voisine –, sur lequel se greffent des caissons colorés. Il est entouré d'un jardin composé par le paysagiste Gilles Clément. À l'intérieur, une longue rampe mène à la grande galerie, plongée dans la pénombre pour ne pas altérer les pièces sensibles à la lumière solaire.Donnant directement sur le quai, le bâtiment administratif se fait remarquer par l'immense et spectaculaire mur végétalisé, conçu par Patrick Blanc, qui lui tient lieu de façade.

Tour Eiffel

Champ-de-Mars (7e)

À l'occasion de l'Exposition universelle de 1889, la jeune IIIe République entendait hisser au plus haut les couleurs de la France. L'ingénieur Eiffel releva le défi, projetant de construire une tour haute de 300 mètres. Avec 300 ouvriers, il assembla en seulement 26 mois ce qu'il nomma lui-même « la plus grande hampe de drapeau au monde ». Prouesse technique, la tour est également un chef-d'œuvre de l'architecture métallique : les arcs sous le premier étage ont pour principale fonction de s'intercaler dans le jeu des lignes droites, sa forme en faisceau accentue son élancement et le fer ajouré lui confère une grande finesse ainsi qu'une grande légèreté. Le poids de la tour Eiffel n'est d'ailleurs que de 7 000 tonnes.
Durant quarante ans, la tour fut la plus haute construction au monde. Elle demeure le symbole de l'expansion verticale, prélude de la conquête aérienne. Cet emblème de Paris et de la France tout entière était promis au démontage vingt ans après son achèvement. Mais l'opiniâtreté d'Eiffel, la faveur du public pour le monument et son rôle dans le développement de la radio le sauvèrent.
Depuis 2003, le dispositif lumineux mis en place à l'occasion du passage à l'an 2000 est à nouveau actif et la tour scintille dès la tombée de la nuit, à chaque heure.

Fondation Louis-Vuitton

8, avenue du Mahatma-Gandhi (16e)

La Fondation d'entreprise Louis-Vuitton a été créée par le groupe de luxe LVMH avec pour objectif de promouvoir l'art, la culture et le patrimoine. Afin de pérenniser le mécénat de la société, la construction d'un bâtiment dans le bois de Boulogne abritant un musée d'art contemporain est lancée. La conception du bâtiment est confiée à l'architecte Frank Gehry, prix Pritzker en 1989. Il imagine une structure de verre inspirée par celles du Grand Palais et du Palmarium qui ornait, dès 1893, le Jardin d'Acclimatation, tout proche. Sous l'impulsion de Gehry, l'édifice prend la forme d'un vaisseau arborant douze voiles gonflées par le vent, donnant ainsi l'illusion du mouvement. Une succession de formes blanches habillées en béton Ductal supportent des terrasses arborées et flottent sur un bassin qui constitue le cœur de l'édifice. Ces voiles, d'aspect et de courbure différents, sont soutenues par un jeu sophistiqué de poutres de bois et d'acier. Elles sont constituées de 3 600 panneaux de verre sérigraphié, tous uniques, qui réfléchissent 50 % de la lumière. Inauguré en octobre 2014, la Fondation Louis-Vuitton comporte onze galeries sur trois niveaux et met en valeur des artistes contemporains au travers de différentes collections, expositions, interventions. L'institution possède également un auditorium aux configurations modulables.

Seine Musicale

Île Seguin, Boulogne-Billancourt (92)

L'île Seguin abrita de 1929 à 1992 une usine de construction automobile Renault qui couvrait la quasi-totalité du site. Après le démantèlement de l'emblématique fabrique au milieu des années 2000 se pose la question de réaménager cet espace dans le respect de son passé industriel. De nombreux projets architecturaux sont alors présentés, sans qu'aucun n'aboutisse en raison de nombreuses polémiques. Celui visant à construire un pôle artistique et culturel ainsi qu'un jardin public s'est imposé avec, comme point d'orgue, l'édification d'une salle consacrée à la musique située sur la pointe aval de l'île. Conçue par les architectes Shigeru Ban et Jean de Gastines, la Seine Musicale, constituée d'un grand bâtiment en forme de vaisseau de 280 mètres de long, fut inaugurée en avril 2017. L'auditorium, figure de proue du bâtiment, niché dans un écrin de verre et de bois, présente une forme de nid ou d'œuf en bois tressé et peut accueillir jusqu'à 1 150 spectateurs. Il est dédié aux plus grands ensembles et musiciens classiques, au premier rang desquels figure l'orchestre en résidence Insula Orchestra. Une grande voile ornée de panneaux photovoltaïques se déplace autour de l'auditorium en suivant la course du soleil. Les jardins surmontant le bâtiment offrent aux visiteurs un toit végétal composé uniquement d'essences cultivées en Île-de-France.

Basilique-cathédrale de Saint-Denis

1, rue de la Légion-d'Honneur,
Saint-Denis (93)

Aux portes de Paris, se détache la haute silhouette de la basilique de Saint-Denis. Elle a été construite à partir du XIIe siècle sur l'emplacement de sanctuaires successifs, établis à l'endroit où l'on supposait que saint Denis était tombé après avoir subi son martyre à Montmartre.
La renommée du saint, le premier évangélisateur de Paris, fit de la basilique la nécropole des rois de France. Dagobert y fut enterré en 639 et à partir du décès d'Hugues Capet en 996, pratiquement tous les souverains, à de rares exceptions près, furent inhumés dans l'église puis dans la basilique actuelle. Le chœur de celle-ci fut bâti en 1144. Doté de voûtes en croisée d'ogives et de grands vitraux, aménagements alors novateurs, il passe pour être la première grande réalisation de l'art gothique.

Gisant de Clovis.

En 1793, les tombes furent profanées et le trésor de l'abbaye attenante subit de très graves pertes. D'importantes campagnes de restauration menées au XIXe siècle et conclues par l'intervention de Viollet-le-Duc de 1846 à 1879 sauvèrent l'édifice de la ruine et aboutirent à la disposition des tombeaux telle que nous pouvons la voir aujourd'hui.

Statues de Louis XVI et de Marie-Antoinette.

Grande Arche et quartier de La Défense

Paris-La Défense (92)

C'est au milieu des années 1950 qu'on décida de créer le quartier d'affaires moderne qui manquait à Paris et que la capitale ne pouvait accueillir en ses murs. Une zone à cheval sur trois communes, déshéritée mais située dans le prolongement des Champs-Élysées, fut viabilisée, construite et reliée au réseau routier et ferré. La Défense, quasi 21e arrondissement de Paris, a hérité du nom d'un bronze de Louis-Ernest Barrias célébrant la Défense de Paris lors du siège de la guerre de 1870 et installé en 1883 au rond-point de Courbevoie, l'actuel parvis du quartier d'affaires.

Depuis 1958, année de l'achèvement de l'immense voûte en béton du CNIT (Centre National des Industries et Techniques), plusieurs dizaines de tours ont été construites à La Défense, permettant de mesurer les évolutions de l'architecture en un demi-siècle.

La Grande Arche fut inaugurée en 1989. Cube de béton de 110 mètres de haut recouvert de marbre blanc de Carrare, le monument veut être « une fenêtre ouverte sur le monde », selon son concepteur danois, Otto von Spreckelsen. L'édifice saisit par ses proportions ; sous cette arche, on pourrait loger la cathédrale Notre-Dame et sa flèche ! Mais il constitue aussi le troisième jalon de la perspective historique de Paris après les arcs du Carrousel et de Triomphe.

AREVA
Cœur Défense

Château de Versailles

Place d'Armes, Versailles (78)

Versailles n'était qu'un modeste pavillon de chasse construit en 1623 à l'usage du roi lorsqu'il abrita les premières amours de Louis XIV avec mademoiselle de la Vallière. Le souvenir de ces jours heureux et inversement celui des tourments de la Fronde à Paris incitèrent le roi, en 1662, à agrandir et embellir le domaine. Au gré des ressources disponibles et des périodes de paix, les travaux suscitèrent un formidable élan. Des dizaines de milliers d'ouvriers y participèrent, des carrières de marbre furent ouvertes, de longs canaux et d'imposants aqueducs durent être créés pour alimenter en eau les jardins et les fontaines, des manufactures récemment établies livrèrent d'innombrables meubles et objets de décor.
En 1682, Versailles participait déjà pleinement au rayonnement du Roi-Soleil quand celui-ci décida d'y résider en permanence et d'y fixer la cour et le gouvernement. De nouvelles campagnes de construction se succédèrent. Jules Hardouin-Mansart transforma la terrasse centrale en galerie des Glaces où furent disposés des meubles en argent massif, des appartements occupèrent deux nouvelles ailes et une vaste chapelle marqua la fin des travaux en 1710. Louis XV paracheva l'œuvre de son arrière-grand-père par la construction d'un opéra.

La galerie des Glaces.

DROITS DE LA REINE
1667

L'opéra.

La chapelle.

Le hameau de la Reine avec la tour de Malborough.

Le Temple de l'Amour.

La fontaine de Latone.